D0591669

BOBOS

a été publié sous la direction de Renaud Plante

Mise en page : Bruno Ricca
Direction de la production : Marie-Claude Pouliot
Révision : Jenny-Valérie Roussy
Correction : Marie Lamarre

ISBN 978-2-924283-96-7

Nous remercions le Conseil des arts du Canada de l'aide accordée à notre programme de publication et la SODEC pour son appui financier en vertu du Programme d'aide aux entreprises du livre et de l'édition spécialisée.

Nous reconnaissons l'aide financière du gouvernement du Canada par l'entremise du Fonds du livre du Canada (FLC) pour nos activités d'édition.

Financé par le gouvernement du Canada | Canada

Gouvernement du Québec – Programme de crédit d'impôt pour l'édition de livres – Gestion SODEC

Dépôt légal – 2e trimestre 2016
Bibliothèque et Archives nationales du Québec
Bibliothèque et Archives Canada

HUGO LÉGER
SÉBASTIEN THIBAULT

BOBOS

Chroniques de la petite douleur

ÉDITIONS
SOMME TOUTE

C'est donné à tout le monde d'avoir mal. Un Japonais a mal. Un Belge a mal. Un Syrien a mal. Oui, les Syriens, surtout. Ils ont beaucoup mal. Les petits, les grands, les forts, les frêles, les Blancs, les Noirs, les chrétiens, les musulmans ; le mal ne fait pas de discrimination. Aucun quartier. On pleure sur tous les continents et dans toutes les langues. Devant la douleur, l'anecdotique comme la légendaire, nous sommes tous égaux. Seuls les moyens de la soulager diffèrent.

Ces chroniques ne sont pas celles d'un hypocondriaque. L'hypo s'invente une ou plusieurs maladies, se complaît dans le récit de ce qui l'accable. Ce livre, c'est exactement l'inverse : une entreprise de dédramatisation. Aucun médecin ici, aucune pharmacopée, aucune prescription. Nos armoires à pharmacie sont déjà pleines. Non, juste un becquer bobo à l'être humain dont le sport favori est de se plaindre.

Il y a des livres sur le cancer, des tonnes. Sur le sida. L'obésité. Le parkinson. Il existe un livre pour chaque maladie que la terre a portée. Les mentales, les infectieuses, les dermatologiques. Mais à ce que je sache, il n'existait pas de livre sur le bobo, la petite douleur, celle du quotidien, l'intime, la charmante, l'agaçante, celle qui vous tape doucement sur l'épaule. Celle de notre enfance, quand le souffle de votre mère agissait sur la plaie comme le plus caressant des remèdes. Et si d'aventure ces chroniques peuvent faire sourire les gens qui souffrent vraiment, ce sera ça de gagné sur la douleur.

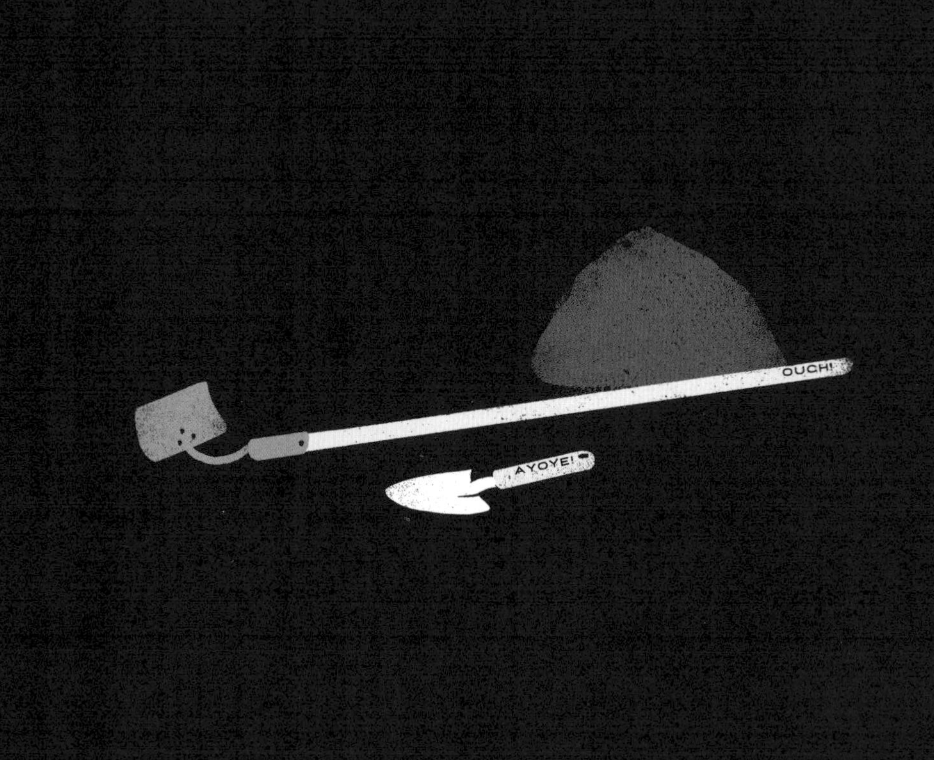
OUCH!
AYOYE!

AUJOURD'HUI, J'AI MAL AU GROS ORTEIL

Je n'ai jamais eu mal au gros orteil du pied droit, ni au gros orteil d'aucun autre pied, d'ailleurs. C'est une première dont je suis assez fier. Je trouve ce bobo singulier. Je l'aime. Je me suis pris d'affection pour lui, comme il est possible de se prendre d'affection pour un enfant africain de Vision mondiale. Mon gros orteil aussi, même si on le dit gros, est tout petit, et essaie de vivre. Il se cherche en permanence une raison d'exister. D'ordinaire, l'orteil gémit quand on se le pète sur une patte de table. Ou qu'on se le ratatine sur le coin d'une porte. Dans ces cas-là, la douleur est foudroyante. Sous le choc, brutal, le danseur étoile de Saint-Guy se révèle en nous. Mais le coin de porte et la patte de table n'y sont pour rien ici. J'ai peut-être la goutte, alors ? Je vois tomber sans fin une pluie fine sur mon pied. Ce n'est pas une maladie du troisième âge, ça ? Je me sens vieux tout à coup, ce qui déplace la douleur, sans l'atténuer. Je n'arrive plus à plier l'orteil. Il est enflé. On dirait que j'ai une betterave à la place. Une fracture de stress, alors ? Impossible. Avez-vous déjà vu un orteil stressé ? Ça ne fait rien, un orteil. Au concours de l'état le plus végétatif, il n'y a que le lobe d'oreille pour le détrôner. Dans quelques siècles, l'homme n'aura plus d'orteils à force de ne pas s'en servir. Je vais attendre patiemment. Si mon orteil disparaît, la douleur devrait suivre. Je commence déjà à avoir moins mal, et ça fait juste dix minutes.

AUJOURD'HUI, J'AI UNE COUPURE AU DOIGT

Cette coupure, je la dois à une feuille de papier. Une sournoise feuille blanche, identique à des milliers d'autres feuilles blanches. Je déteste les feuilles blanches. Et le syndrome de la page blanche n'y est pour rien. Douce et inoffensive dans 99,9999 % des cas, la feuille devient tranchante comme une lame de rasoir le reste du temps. Cette coupure, je la catalogue parmi les blessures de distraction. L'être humain fait naturellement attention à son dos en soulevant une grosse roche. Il baisse la tête en marchant dans un tunnel étroit. Il sécurise ses couilles devant le monstrueux numéro 4 qui s'apprête à tirer un coup franc. En général, il voit venir le danger, et essaie de s'en prémunir. Mais se protéger d'une feuille blanche, on fait ça comment ? On porte des gants en cotte de mailles ? On la prend avec des pincettes ? Pourquoi se méfierait-on d'une feuille de papier ? Ce n'est pas une massue paysanne ou une AK-47. On n'a jamais vu un psychopathe attaquer quelqu'un à coups de feuille de papier. À la rigueur, on peut redouter ce qui est écrit dessus, parce que les mots peuvent faire mal. Mais d'emblée, la feuille de papier inspire confiance. Elle a la couleur de l'innocence. Blanc, comme le drapeau. Comme le sarrau d'un médecin ou la robe de la mariée. J'ai fait une boule de la feuille de papier coupable. Je l'ai jetée au panier. L'humanité n'a plus rien à craindre.

AUJOURD'HUI, J'AI MAL À UNE DENT

Ce n'est pas un mal de dents traditionnel. Je n'ai pas la tête sanglée dans un foulard comme sur la vieille illustration affichée au mur de la salle de bain de ma dentiste. À ce sujet, je ne vois pas à quoi peut bien servir ce foulard, sinon à empêcher la victime de crier. Un garrot de la gueule, pour ainsi dire. Ce n'est pas vraiment à une dent que j'ai mal, d'ailleurs. Je devrais être plus précis dans la description de mes symptômes. Si j'appelle Info-Santé, on va me raccrocher au nez. J'ai comme un lambeau de peau sur la gencive qui enserre une molaire. De un à dix, quel est mon niveau de douleur? Un, pas plus. Parce qu'à zéro, je ne sentirais rien. Malade imaginaire, conclurait le dossier. Un, parce que c'est juste agaçant. Je passe ma langue dessus, à répétition, comme un bonbon qu'on n'en finit plus de sucer. Au lieu de me tourner les pouces, je me tète. Et puis arrive un moment où j'oublie. Parmi les choses qui me font oublier, il y a le gâteau aux carottes, une chanson de la Compagnie Créole, le tir à l'arc et regarder quelqu'un courir bizarrement. Bon, il y a plein d'autres trucs qui me l'enlèvent de la tête, dont le geste d'écrire sur lui, mais ce serait trop long à énumérer. Ce n'est pas parce qu'un mal est ennuyeux qu'il faut être ennuyant.

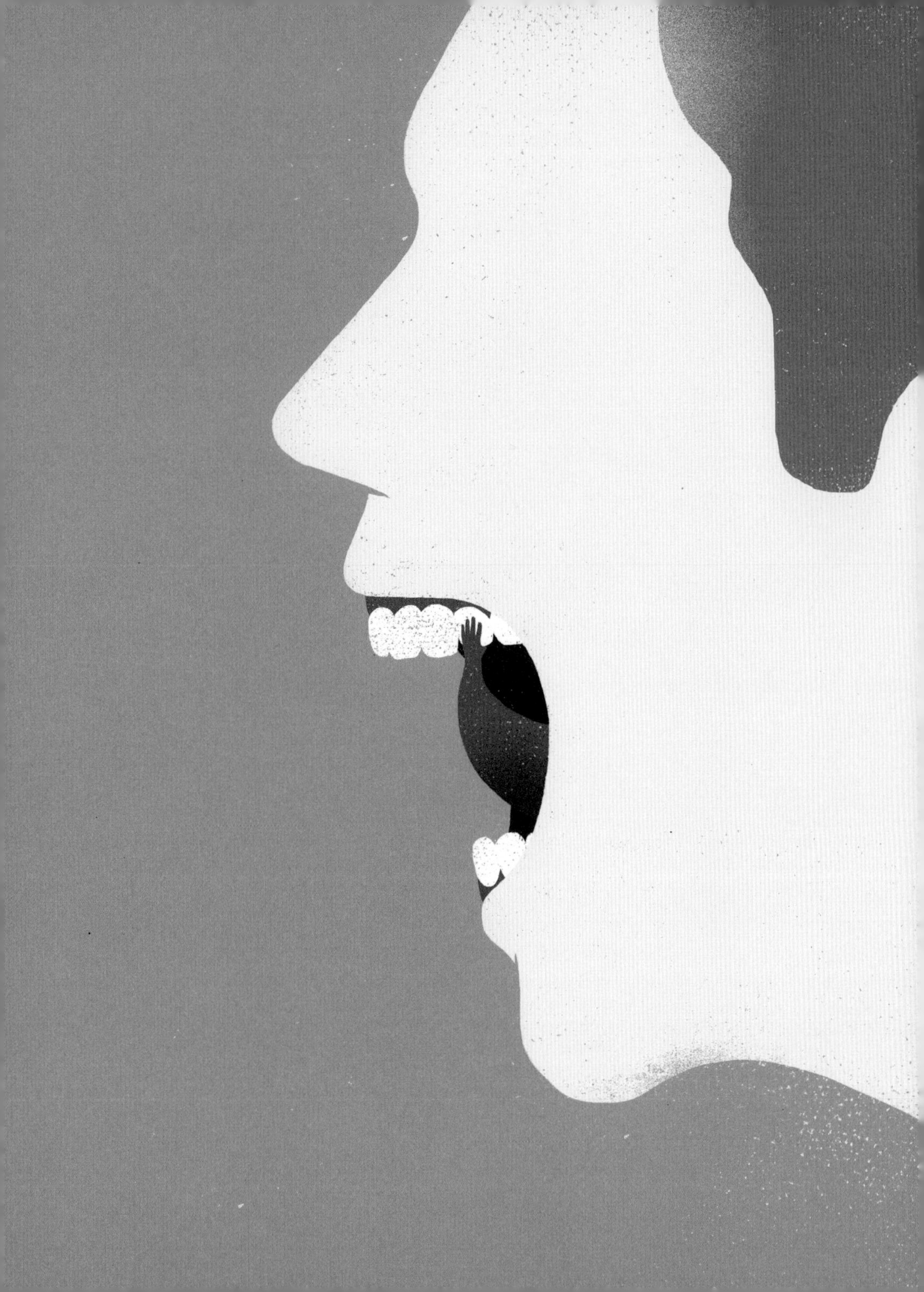

AUJOURD'HUI, J'AI MAL AU COUDE

Je traîne une vieille blessure de guerre, du temps où je jouais au hockey. Lors d'un match sur une patinoire extérieure lors duquel j'affrontais des joueurs dont j'aurais pu être le grand-père, je suis tombé directement sur mon coude, le droit, sans pouvoir me protéger. La chute a été d'autant plus brutale qu'elle était imprévue. Je patinais à reculons. C'est le propre d'un accident, d'être imprévisible. Sinon, ce n'est pas un accident, c'est une circonstance. Au moment où je suis tombé, et les années qui ont suivi, il a fallu que je me rende à l'évidence : la glace est une surface dure. Cette blessure ne guérit pas. Elle s'endort pendant des mois, hiberne comme une marmotte puis, soudain, se rappelle à mon bon souvenir quand je m'y attends le moins. En portant un cercueil. En passant le rouleau de peinture. En jouant de la tapette à

mouches. Malgré ses infidélités, je la chéris. Lors de nos retrouvailles, on se tombe dans les bras, le mien en particulier. Elle est cette vieille amie avec qui je renoue sans peine. Ou juste un peu. Facilement, disons. Pas besoin de s'expliquer. C'est comme si on s'était quittés la veille. Je la reconnais et lui avoue : tu n'as pas changé. Mémoire de mes exploits passés, si l'on peut qualifier d'exploit le fait de déjouer un enfant de dix ans aux pieds gelés qui perd l'équilibre quand on l'effleure, elle figure en bonne place au musée des douleurs anciennes que j'ouvre deux fois l'an, pas plus, et dont je me réserve l'accès exclusif. De toute façon, regardons la vérité en face : qui ferait le détour pour voir un coude ?

AUJOURD'HUI, J'AI MAL NULLE PART

Et ce n'est pas faute d'avoir cherché. À force de gratter, normalement, on trouve, même ce qui n'existe pas. Mais pas là. Je pourrais m'automutiler pour m'offrir quelque chose d'éprouvant. Ça m'inquiète de ne rien trouver. Donnez-moi n'importe quoi à ruminer, un insignifiant mal de tête, un début de rhumatisme à la hanche, je sais pas. J'accepterais à la rigueur un léger étirement de l'aine. Si un vieux se réveille le matin sans avoir mal nulle part, c'est qu'il est mort, prétend-on. Je suis peut-être mort, mais personne ne me l'a dit. Ou personne n'ose me le dire, de peur de me blesser. Je rappellerais à cette personne que ce n'est pas grave d'être blessé quand on est mort. On ne sent plus rien. On est juste mort. Enfin, ce serait mon souhait le plus cher, de ne rien sentir. Parce que je ne le sais pas, je ne suis jamais mort. De surcroît, je ne crois pas à la vie après la mort; c'est dire à quel point je me sens seul et n'espère rien de la nuit éternelle. Tout compte fait, j'ai mal quelque part, oui, j'ai mal à l'âme qui, selon le médecin américain Duncan MacDougall, pèse 21 grammes, un poids somme toute dérisoire pour un principe aussi substantiel. Méditons un brin: l'âme est plus légère qu'une olive kalamata. Je ferme les yeux. Je pense au noyau de l'être. Je décolle. J'ai le vertige à force de m'élever. Houston, j'ai un problème.

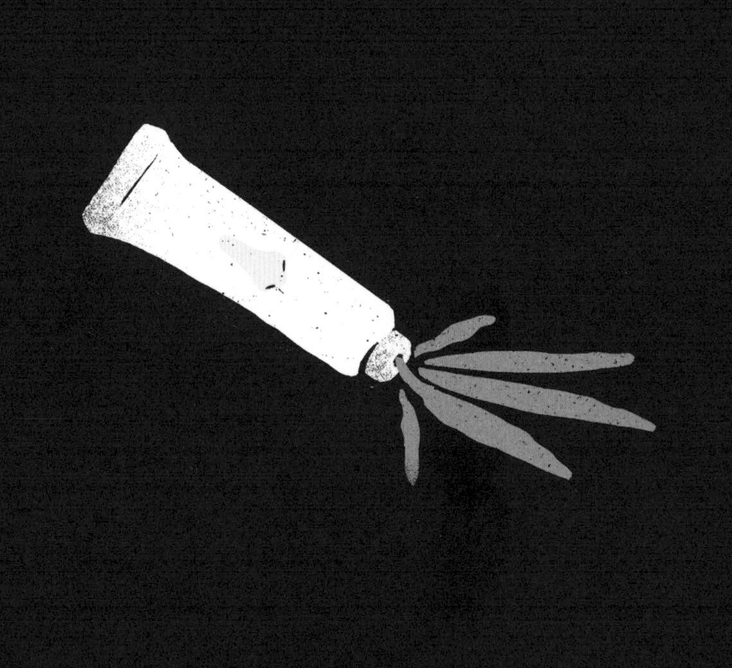

AUJOURD'HUI, J'AI MAL AU NEZ

Ce matin, en me regardant dans le miroir, j'ai remarqué une rougeur sur l'aile droite de mon nez. Et, au centre de cette rougeur, un minuscule picot blanc. Ouache ! J'ai un bouton sur l'appendice nasal. J'ai passé l'âge d'avoir des boutons. Je sais qu'en vieillissant les aiguilles de la vie s'inversent. Plus on avance en âge, plus la prime enfance nous guette, jusqu'à se retrouver en bout de piste nourri à la petite cuillère, dans un foyer de vieillards, par une préposée sadique qu'on rêve de noyer dans le formol. Si mes calculs sont bons, je suis rendu à l'adolescence. Ma deuxième. Je vais me remettre à fumer du pot. À me lever à midi. À manger la moitié d'un pain au déjeuner. À me laver tous les trois jours. À négliger de me brosser les cheveux. À sécher mes cours. À pocher mes examens de maths. À suivre des cours de rattrapage. À courir les filles. À boire du cidre. À en être malade. À écouter Led Zep. À porter des sandales en hiver, une ceinture fléchée en été. À faire du vélo sans casque. À faire du pouce. À me casser un poignet, mais pas en faisant du pouce. À faire un paquet de trucs stupides et très agréables. Tout ça à cause d'un bouton devenu l'astre solaire autour duquel gravite ma face. Je l'ignore. Je détourne la tête. Je fais semblant qu'il n'existe pas. Ce qu'on ne sait pas ne fait pas mal.

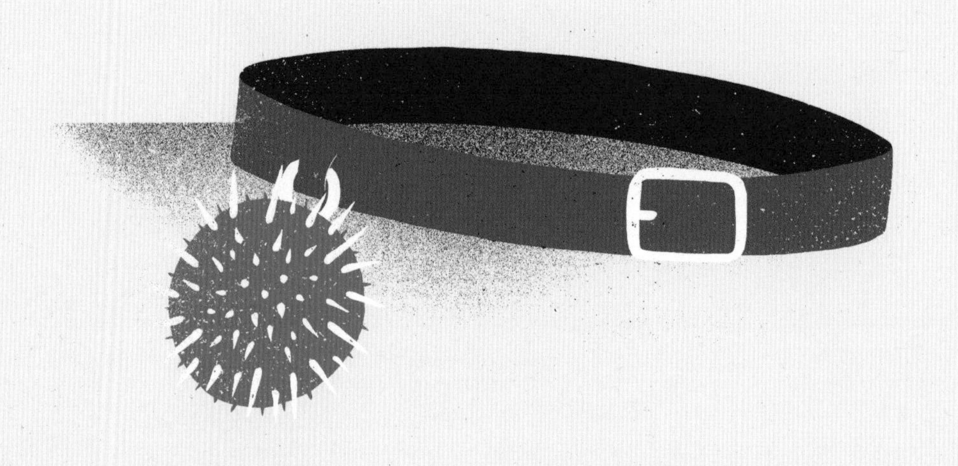

AUJOURD'HUI, J'AI MAL À LA GORGE

Je suis déçu. Un simple rhume. Vulgaris rhumus. Je suis d'un commun. Tout le monde peut avoir le rhume. C'est comme avoir une voiture blanche ou un CD de Pierre Lapointe. Je ne gagnerais pas un concours de compassion avec ce minus, à moins qu'il ne soit le prélude à une diphtérie foudroyante, ce que je ne souhaite, par tous les microbes du monde, à quiconque, pas même à moi. Personne ne montera les marches de l'Oratoire à genoux pour mon salut. Appelons un chat dans la gorge un chat dans la gorge : ce mal m'ennuie. Personnellement, je n'y vois aucun mystère. Je l'ai déjà vécu des dizaines de fois. J'en connais le déroulement à un éternuement près. Le scénario est écrit par des tâcherons d'Hollywood. *Les muqueuses contre-attaquent*. D'abord, le mal s'en prend à la gorge, puis monte au nez qui s'obstrue, invariablement, comme si l'on y avait coulé une poche de ciment. S'ensuivent deux jours sans rien goûter. Un calvaire. Qui veut boire un bon bordeaux en se bouchant le nez ? Qui, que je l'embrasse maladivement avec la langue ? Ces deux jours-là, j'arrête de respirer, donc de vivre. Je deviens par conséquent invivable. Finalement, c'est la toux qui s'en mêle et l'interminable ballet des kleenex qui vous façonnent un nez en papier sablé. J'ai déjà hâte au mal qui prendra sa place. Il a intérêt à être palpitant. À faire parler de lui en bien. Rupture du ligament croisé antérieur, fracture ouverte du tibia, côtes cassées, je n'attends rien de moins qu'une carte Hallmark.

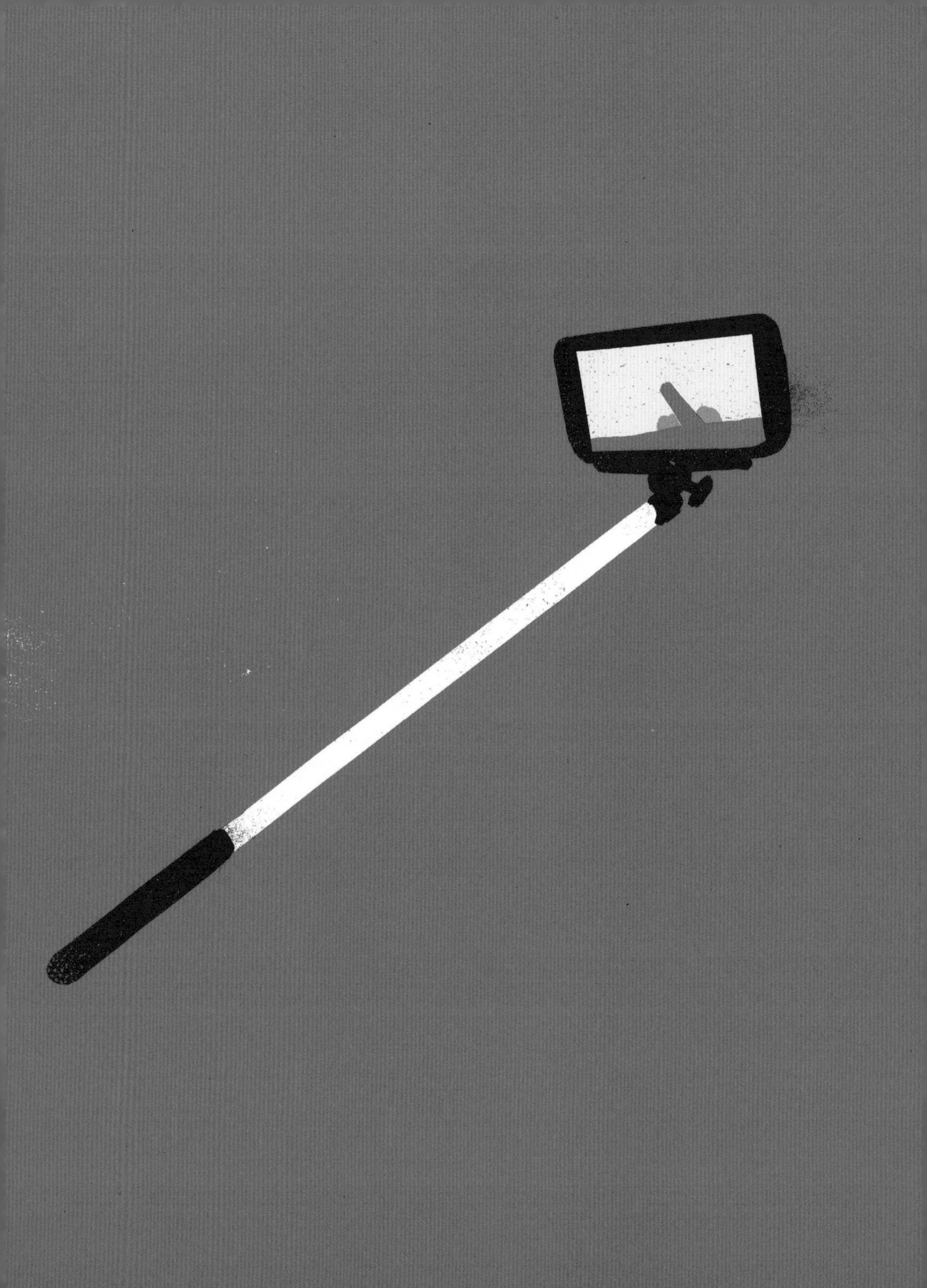

AUJOURD'HUI, J'AI MAL AU MILIEU DU CORPS

C'est un peu gênant à avouer publiquement, mais j'ai ressenti un léger déplaisir au pénis dans les dernières heures. Comme un discret claquage. Un *penis elbow*, diront les bricoleurs de calembours. Mais ce qui est encore plus embarrassant à confesser, c'est que le petit chauve était en érection. Qu'on se comprenne bien, je ne tiens pas ici à me vanter d'être un homme horizontalement responsable. Bien que je le sois. Mais dans tous les cas de figure, je reste un homme et, au nom de la confrérie, je me solidarise avec les membres qui ont des problèmes érectiles, en particulier ceux qui souffrent de priapisme. Wikipédia évoque une situation pénible et potentiellement dangereuse dans laquelle le pénis, après l'érection, ne retrouve sa flaccidité normale qu'au bout de quatre heures, même en l'absence de toute stimulation physique ou psychologique. On

comprend qu'après quatre heures au garde-à-vous, le pénis n'entend plus à rire, et la situation se révèle nettement moins érotique. Aucun homme ne souhaite devenir acteur porno contre son gré. Les complications potentielles du priapisme font peur : ischémie, coagulation du sang dans le pénis, donc thrombose, et endommagement des vaisseaux sanguins. Dans les cas sérieux, écrit-on, la gangrène peut survenir et, au pire, rendre nécessaire l'ablation du pénis. Bon, c'est classique, je me connais, j'essaie de noyer mon problème dans un plus grand encore. Il n'y a qu'une solution pour éviter la surenchère : chérie, s'il te plaît, viendrais-tu abuser de mon élongation musculaire ? C'est pour l'avancement de la recherche médicale.

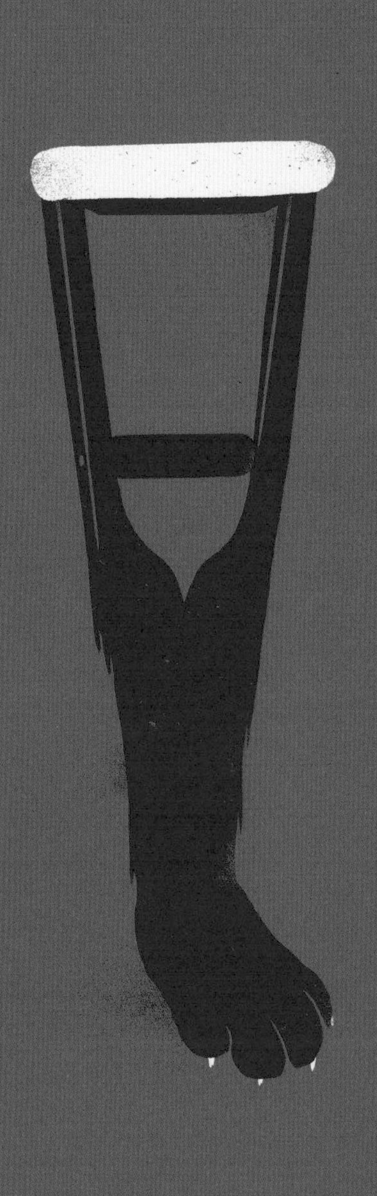

AUJOURD'HUI, J'AI MAL POUR MON CHAT

Picolo est rentré éclopé de sa virée nocturne. Il marche à trois pattes. Sa quatrième, il la tient relevée, comme s'il voulait que je lui fasse le baisemain. Je me mets à sa place : je me vois mal marcher sur une jambe, sans béquille, jusqu'à mon prochain rendez-vous. Je compatis. Le pire, c'est qu'il demande encore la porte. Il a mal, mais l'appel de la nature est plus fort que tout, lui en premier. Contrairement à l'être humain, et notamment à sa version masculine qui a fait de la lamentation une façon de communiquer, le chat n'exprime pas sa douleur. Il serre les dents. Miaule rarement. S'il ne tenait pas sa petite patte

en l'air, s'il ne courait pas en bondissant comme un lapin, Picolo aurait l'apparence d'un animal en parfaite santé. Un chat n'exprime sa douleur qu'au moment de pousser son dernier souffle. C'est vrai, j'ai vécu l'expérience : un matin, j'ai aperçu ma vieille chatte qui ne bougeait plus dans le jardin. Elle ressemblait à un nain de jardin. Je me suis approché, et son miaulement, profond et terrifiant, ne laissait place à aucune interprétation : je vais mourir et, si tu ne me sors pas d'ici, je t'imite Sarah Bernhardt dans *La Dame aux camélias*. J'ai refusé d'assister au spectacle ; je l'ai amenée chez le vétérinaire qui a coupé court à la représentation. Heureusement, Picolo n'en est pas là. Faut juste qu'il s'habitue à entendre les oiseaux rire de lui.

AUJOURD'HUI,
JE ME SENS DRÔLE

En partant, coupons court à toute ambiguïté : je n'entends pas à rire. Je ne me sens pas drôle dans le sens amusant du terme. Je ne me suis pas réveillé en enchaînant les répliques du *Père Noël est une ordure*. Non, je me sens drôle, ça signifie que je ne sais pas ce que j'ai. C'est fort possible que je ne sois pas malade. À dire vrai, je suis incapable de mettre le doigt sur le bobo. La maladie, ou ce qui en tient lieu, joue à cache-cache dans mon corps. Est-ce que j'ai mal à la tête ? Non. Est-ce que j'ai mal au ventre ? Pas plus. C'est un ensemble. Des fois, pour cerner le problème, on dit : je couve quelque chose. Si c'était un œuf, je le saurais. En me levant, il n'y avait rien sur ma chaise. Une grippe, alors ? C'est la saison qui commence. Comme la saison de la chasse. Sauf que la saison de la grippe n'arrive pas à date fixe. La grippe ne s'annonce pas. Elle arrive, et te voilà sur le dos, écrasé par un autobus scolaire rempli de bambins dont le flot de morve est tellement abondant qu'on peut s'en faire un plat de spaghettis. Cela dit, on peut très bien se sentir drôle et provoquer l'hilarité en même temps. Prenons un humoriste qui aurait une légère labyrinthite. Il cumule, sans que son travail s'en trouve affecté. Il fait rire sans la trouver comique. Un punch, un étourdissement, un punch, un étourdissement, ainsi de suite, jusqu'à ce que le rideau tombe et qu'il en fasse autant. Bon, je pense que je vais aller m'étendre un peu. Je me sens bizarre finalement.

0
1
2
3
4
5
6
7
8

AUJOURD'HUI, J'AI MAL À UNE CUISSE

La cuisse est un gros muscle. Chez moi, c'est le plus développé, après le double menton. Et comme c'est le plus imposant, on pense qu'il est assez grand pour voler de ses propres ailes. Assez fort pour tout encaisser. Limite invincible. C'est faux. Ce n'est pas parce qu'il est bâti comme un jambon qu'il n'a pas besoin d'amour, qu'il faut l'abandonner à lui-même. Je souffre donc de la cuisse. Voilà ce qui se produit quand je me tape 60 kilomètres à vélo, et que je n'arrive pas à la pédale de celui qui me précède. Le garçon est ainsi fait qu'il se croit à toute épreuve. Il aime se mesurer aux autres. Ça remonte à la nuit des temps. C'est loin et interminable, la nuit des temps. Tellement noire que je m'y perds. Un cycliste m'a dépassé sans effort, presque en sifflant ; l'insulte. J'ai voulu rouler dans sa roue. Lui montrer que nous étions de la même étoffe, sortis l'un et l'autre de la cuisse de Jupiter. Le problème, c'est qu'il était plus redoutable que moi. De quelques années. Ma cuisse peut vous en parler. « Psitt ! Psitt ! Je suis élongé. Du mot élongation. » Il faut écouter son corps, j'en suis tous les jours de plus en plus persuadé. Je me penche vers lui : alors, comment va la belle cuisse que tu as là ? C'est un peu tard pour me le demander, qu'il me répond. Le corps a toujours le dernier mot.

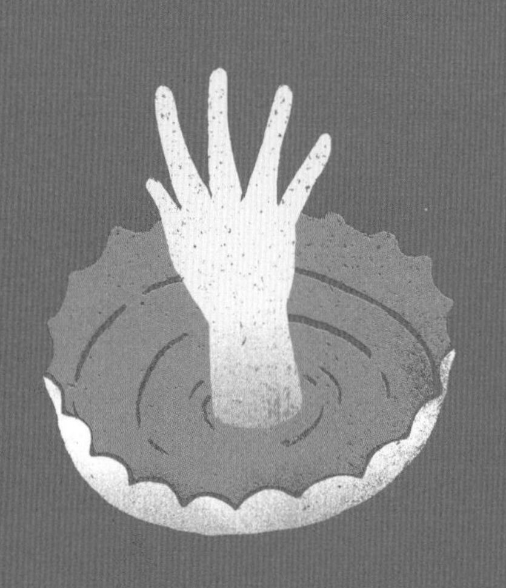

AUJOURD'HUI, J'AI MAL AUX CHEVEUX

J'ai trop bu hier soir. Je sais, c'est juste un mauvais moment à passer. Le comble du bénin. Deux Advil, un grand verre d'eau, une nuit de sommeil. Le temps arrange tout, la gueule de bois comme la peine d'amour. Pour accélérer les choses, il y a aussi le jus de tomate. Le bouillon de poulet. La tisane de camomille. Le bicarbonate de soude. La cuillerée d'huile d'olive. Mais tout ce que je viens d'énumérer est inefficace pour la peine d'amour. J'ai essayé. Pour la peine d'amour, de fait, c'est mieux l'alcool. Beaucoup d'alcool, assez pour noyer sa peine. Il faut par contre se méfier du cercle vicieux. Vous avez de la peine, vous buvez. Vous buvez, vous avez de la peine. Pour l'enrayer, un conseil: éliminez soit la peine, soit l'alcool, tout simplement. Mais revenons à nos moutons sur la tête. Le plus drôle, c'est que j'ai mal aux cheveux sans en avoir. Je suis comme un unijambiste qui ressent de la douleur à la jambe qu'il a perdue. Ce qui ne nous tue pas nous rend plus forts, dit le dicton. Voyons donc! Ce qui nous tue pas nous tue quand même. Aujourd'hui, je suis plus mort que vivant. La gale se jetterait sur moi que j'y laisserais ma peau. Dans l'heure. Je me promets de ne plus boire comme un ivrogne, mais je me rends compte que c'est une promesse d'ivrogne. Bon quelle heure est-il? C'est bientôt l'apéro, non?

AUJOURD'HUI, J'AI
UNE BOSSE DANS LA MAIN

J'hallucine ou quoi ? Une bosse dans la paume de la main ! C'est moins encombrant qu'une bosse dans le dos, répond Quasimodo pour me consoler. Je lui concède : elle est petite, invisible à l'œil nu, mais bosse tout de même. Il y a un côté *Poltergeist* qui m'inquiète. Si elle a poussé dans la nuit, cette bosse, ça veut dire qu'elle pourrait à tout moment prendre de l'expansion. Encore. Devenir incontrôlable. Une colline, une montagne, que dis-je, une montagne : un Himalaya dans la main ! Et qu'il pourrait en sortir, je ne sais pas trop, une tarentule, une poupée vaudou, un sixième doigt. Ce n'était pas assez d'avoir des lignes de main, voilà maintenant que j'ai des bosses à interpréter, selon leur forme, leur taille et leur position. Ici, j'ai la bosse de l'amour. À la grosseur qu'elle a, je vois que je vais me marier dans l'année. Là, la bosse de l'intuition : je me mets au poker. Une bosse dans la main, c'est peut-être aussi un signe de chance. Comme un poil, un signe de paresse. Cela dit, elle ne me fait pas mal, mais elle m'inquiète. Ce qui revient au même, non ? En désespoir de cause, je fais appel à des notions avancées d'anatomie, et j'en conclus qu'il n'y a rien de vital dans une main. Pas de cœur, de rein, de poumon, encore moins de cerveau. Au pire, on l'amputera. Je respire. Je peux relaxer et, pourquoi pas, voir le bon côté des choses : ma main est devenue un paysage suisse. À moi, vaches, cloches et banques accommodantes.

#1

AUJOURD'HUI, J'AI LA PEAU SÈCHE

Bon, d'accord, ce n'est pas la maladie de Lou Gehrig. Je dramatise. Je ne fais pas le poids devant Michael J. Fox. Il y a bien plus mal pris que moi sur le globe. Je ne nommerai pas de noms, de peur d'en oublier quelques-uns. J'arrive au bas de la liste des estropiés de la terre. C'est même pas un bobo, la peau sèche, c'est rien. Aux râleurs, je réponds : qui êtes-vous pour déterminer ce qui est source de souffrance et ce qui ne l'est pas pour moi ? La peau sèche est un mal à mon échelle, l'humaine, celle d'un chauve qui n'a rien à cacher. Qui vous dit que ça ne pourrait pas dégénérer si je ne m'hydrate pas le cuir ? Si je le laisse à l'abandon. Quand tu as la peau sèche, tu la perds. Les gens remarquent que tu es en état de décomposition. Et toi, tu remarques qu'ils ont remarqué. Du coup, tu te sens mal, tu essaies de te cacher sans y arriver. Reconstitution : tu passes une entrevue pour une job, le cravaté directeur des relations humaines te pose des questions super pertinentes auxquelles tu donnes des réponses tout aussi pertinentes, mais tu vois bien qu'il a autre chose en tête. La tienne. Il voit tes peaux sèches, il pense que ce sont des pellicules. À compétences égales, il finira par choisir celui qui a le cuir propre et bien tanné. Et la job de président de l'univers te glisse entre les mains. Tu retournes penaud servir des assiettes dans un restaurant. C'est triste comme fin, mais c'est la vie.

AUJOURD'HUI, J'AI
LE PLUS PETIT MAL
DU MONDE ENTIER

Je suis mal à l'aise de l'évoquer. Mais au point où j'en suis dans ce striptease. Quand j'appuie sur l'extrémité de mon majeur, je sens un pincement très subtil. Comme si un microscopique éclat de verre s'était logé dans mon doigt. Pourtant, je n'ai cassé aucun verre, fracassé aucune fenêtre, manipulé aucune laine minérale. Je n'ai rien fait qui puisse me valoir un tel désagrément. Je ne saigne pas. Il faut que je me force pour avoir mal. Je suis un fakir virtuel. C'est tellement inoffensif que je dois y penser pour m'en souvenir. Y toucher pour m'en plaindre. Je deviens difficile en matière de douleur. J'ai envie de mettre ce mini mal dans un écrin et l'offrir à ma chérie tellement je le trouve mignon. C'est un mal pudique, comme on les aime, pas un mot plus haut que l'autre, poli, délicat, assistant-commis au bureau des petits ennuis. On ne le voit pas arriver le matin, ni partir le soir. S'exprime peu ou pas. Sort rarement le midi. Il apporte son lunch, le mange devant l'ordinateur. Il rentre tranquillement le soir et, comme un vieux garçon, met son pyjama et s'endort avant le journal télévisé. Je pourrais faire ma vie avec lui si j'en avais envie. Mais à choisir, je préfère encore mon bon vieux mal de ventre. Avec lui, on ne s'ennuie jamais, les farces grasses, le bol de chips, les pieds sur le pouf, la bedaine à l'air. Sans s'annoncer, il débarque, s'installe, fout le bordel et puis s'en va. C'est à ça qu'on reconnaît les vrais amis.

AUJOURD'HUI, J'AI UNE CRAMPE

La crampe est un mal sournois. La quintessence de la douleur déloyale. Elle ne se manifeste jamais à visage découvert. Elle me saute dessus au lever du lit, quand la tête flotte encore dans les vapeurs de la nuit. La crampe frappe sans qu'on l'attende ou qu'on la souhaite, semblable au fonctionnaire de l'impôt tapi dans son bureau de Shawinigan. Entraînée pour attaquer, elle s'en prend à mon mollet. Parce que c'est souvent au mollet, toutes les statistiques tendent à le démontrer, qu'elle s'attaque. Pourquoi toujours le mollet ? Qu'est-ce qu'il lui a fait, le mollet, pour mériter ça ? Rien ! Le mollet est un muscle innocent, un bon mou, le petit gros qui fait rire tout le monde à la cabane à sucre. Heureusement,

la crampe part comme elle est venue. Sans crier gare. Mais le temps qu'elle sévit, tu as la jambe de bois du capitaine Crochet. Quand j'étais petit, mes parents me disaient d'attendre deux heures, après un repas, avant d'aller me baigner. Car la crampe, comme le requin dans *Jaws*, me guettait. Ça m'a toujours paru farfelu comme hypothèse. Je suis allé nager après une heure. Aucune crampe. Après quinze minutes, toujours rien. Je me suis même baigné en mangeant. Je flottais comme une bouée. La blague, toi. Cette théorie est bidon. Il n'y a rien à craindre de cette crampe-là. Celle au lever du lit, par contre, mérite la pendaison. Non, pire, l'écartèlement. Plutôt me noyer.

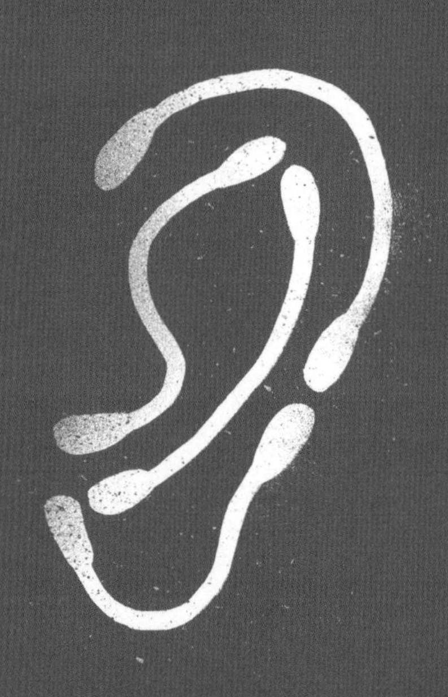

AUJOURD'HUI, J'AI UNE OREILLE BOUCHÉE

L'impression est la même que si j'avais reçu une vague sur le coin de la gueule. Ou que j'atterrissais en avion, victime de la décompression. J'ai avalé tout ce que je pouvais sécréter de bave pour me déboucher l'oreille gauche. Rien à faire. Je suis presque sourd. Je n'écoute le journal télévisé que d'une oreille, ce qui me rassure à moitié sur l'état du monde. Je décide de me servir d'un Q-tips, même si tout le monde le déconseille. Ça ne fait que tasser le cérumen au creux de l'oreille et qu'épaissir le bouchon, nous rabâche-t-on les oreilles, bien sûr. Mais je n'entends rien. Finalement, après quelques essais infructueux, je me range, je mets les Q-tips de côté. Et c'est à ce moment précis que la question surgit : à quoi servent-ils si ce n'est pas bon ? Si ce n'est pas pour se curer les oreilles ? Hein ? Pourquoi le Q-tips existe s'il ne sert pas à ce pour quoi il a été inventé ? À faire du bricolage ? À confectionner de petites marionnettes à tête blanche ? À jouer à la courte paille ? Non vraiment, soyons sérieux, je n'envisage aucune autre utilisation. Un coton-tige, c'est un coton-tige, et c'en sera toujours un. Je ressors la boîte, prends un Q-tips et me le rentre dans l'oreille, en me vrillant le pavillon comme si je creusais une mine d'or en Abitibi. Peine perdue. Je reste sourd comme un demi-pot. Hugo, viens manger ! qu'on me crie. Enfin un espoir, la faim ! Il est peut-être là, le problème : ventre affamé n'a pas d'oreilles. Je n'ai plus rien à perdre, sinon l'ouïe.

AUJOURD'HUI, JE ME SUIS BRÛLÉ

Je peux me tromper, mais, selon moi, saint Thomas d'Aquin est le Elvis Presley des théologiens. Chacun à leur façon, ils ont révolutionné notre façon de voir le monde et, parallèle encore plus troublant, sont morts tous les deux dans la quarantaine. Si Elvis a créé le vice, Thomas, lui, a mis le doigt dessus. Les sept péchés capitaux, c'est sa trouvaille et, parmi le bouquet de fautes haut de gamme qu'il a identifiées, retenons la gourmandise qui ne figure pas pour rien, vous le constaterez, dans cette liste noire. Oui, la gourmandise peut avoir des conséquences catastrophiques. Je ne fais pas référence aux milliers d'obèses morbides qui font peser un poids immense sur le système de santé américain. Je parle de la tragédie humaine que j'ai vécue. J'avais devant moi un fondant au chocolat, directo sorti de l'enfer, c'est-à-dire, du four. J'en bavais. Je n'ai pas pu (su) attendre. J'ai planté ma cuillère dedans. Le chocolat était encore coulant. Je fondais moi aussi, mais devant. Aussitôt dans ma bouche, j'ai compris l'envergure de l'erreur. J'étais en train de m'endommager les papilles pour les 50 prochaines années. J'ai eu beau souffler intérieurement sur le feu qui me consumait, c'était trop tard, le mal était fait. J'avais la langue en flammes, le palais aussi. J'ai compris que la gourmandise pouvait être un péché non seulement capital, mais presque mortel. Monsieur d'Aquin, je ne recommencerai plus. Promis. Sous peine de brûler pour toujours en enfer. Consolation : si ça arrive, je serai entouré de fondants au chocolat.

AUJOURD'HUI, J'AI MAL AU DOS

Le mal de dos est le roi des maux. Il est aussi populaire que les Beatles. Le mal du siècle, c'est lui. Ce qui donne une idée de l'étendue du malaise : le siècle aussi a mal au dos. De savoir que la terre entière en est atteinte me rapproche peut-être de mon frère malien, mais n'augmente en rien ma mobilité du moment. Je suis une équerre, un triangle isocèle au pays du tiret et de la ligne droite. Je me vois éternellement couché ou assis, rien entre. Je suis plié en deux. Si je me rends à trois, je me réoriente vers la contorsion. Pour me soulager un peu, je pense à un joueur de hockey de quatrième trio après un match des séries. Ce gars-là doit avoir tous les os en compote à force de cogner tout ce qui bouge et ce qui ne bouge pas, comme une bande. *Coach*, est-ce qu'il reste des Tylenol ? Avec le mal de dos, nous sommes toujours chez les Borgia ; il frappe quand on a le dos tourné, traîtreusement. Le coup de poignard tombe au moment où l'on s'y attend le moins. Tiens, par exemple, en passant l'aspirateur ou en pelletant la neige dans l'entrée de la maison. Moi, je ramassais un soulier qui traînait dans la chambre, et crac ! La prochaine étape, c'est de marcher à quatre pattes. Comme un chien. J'en ai plein le dos, et même quelques centimètres plus bas.

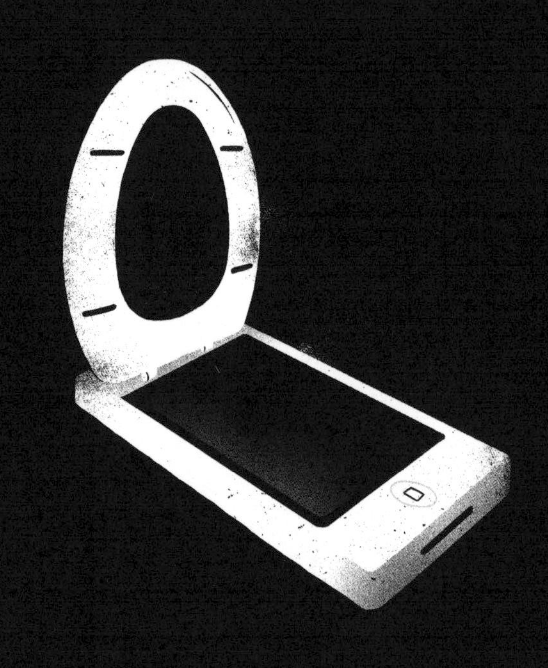

AUJOURD'HUI, J'AI LA GASTRO

C'est faux. C'est la plate explication que j'ai trouvée pour ne pas aller travailler. La gastro est l'excuse facile que les employés modernes ont inventée pour se soustraire à leurs obligations. Elle n'exige aucun talent de comédien, contrairement à la grippe dont il faut témoigner en toussant et en reniflant. Elle ne s'accompagne d'aucun signe apparent. Inodore et incolore. On peut se relever d'une gastro en 24 heures, et se présenter au travail le teint frais dès le lendemain. Quand vient le temps de trouver une excuse, le ventre a bon dos. On nous sert la gastro à toutes les sauces. Parce que l'estomac, ce deuxième cerveau, disent de nombreux spécialistes, est un grand mystère. Jamais on ne voit ce qu'on a dans le ventre. J'ai essayé de regarder par le nombril, curieux de voir ce qui se passe là-dedans. Le néant complet. Je sais que personne ne me croit. C'est vendredi. Et tomber malade le vendredi, c'est suspect comme un entrepreneur italien qui prétend dire la vérité à la commission Charbonneau. Mais quand même, une gastro... Il faut que je me trouve autre chose. Empoisonnement alimentaire ? Sœur jumelle. Migraine ? À moins d'en faire à répétition, ce n'est pas très crédible. Reste l'entorse. Mais il faut apprendre à boiter. J'ai le week-end pour pratiquer.

FEU SAUVAGE

AUJOURD'HUI, J'AI UN FEU SAUVAGE

Je pensais l'affaire classée depuis la fin de ma relation avec Sylvie*. C'était il y a des décennies. Juste avant les vacances d'été dont je voulais vraiment profiter (comprendre sans elle). Eh bien non, faut croire que l'hygiène buccale douteuse de la belle Sylvie m'a rattrapé. Bon, elle n'a peut-être rien à voir là-dedans, mais ça me rassure de faire porter l'odieux sur quelqu'un d'autre. De toute façon, elle ne lira jamais ces lignes. Je me demande d'ailleurs si elle savait lire. Ce n'était pas très important à l'époque. À la lecture nous préférions les cours de langues, surtout appliquées. Il reste que l'expression est terrifiante : feu sauvage. J'ai l'impression que je vais finir chez Belzébuth et ses Hells Angels. Déjà, avoir le feu, c'est inconfortable, s'il faut en plus qu'il soit sauvage, sortez le boyau. On parle aussi d'ulcère buccal, ce qui n'est guère appétissant. À choisir, je préfère encore le feu sauvage. C'est poétique, festif, près de nos origines. On voit les Indiens, les tipis, le brasier, les danses, les chansons, les guimauves, les pompiers volontaires, le calendrier des pompiers volontaires, la terre brûlée, les talles de bleuets, la confiture qu'on fait avec et, finalement, l'odeur du pain grillé le matin. Quand on a un brin d'imagination, ce n'est pas si désagréable que ça, un feu sauvage. On n'arrive pas facilement à se l'enlever de la bouche, mais de la tête, oui.

** Nom fictif pour préserver l'anonymat de Christine.*

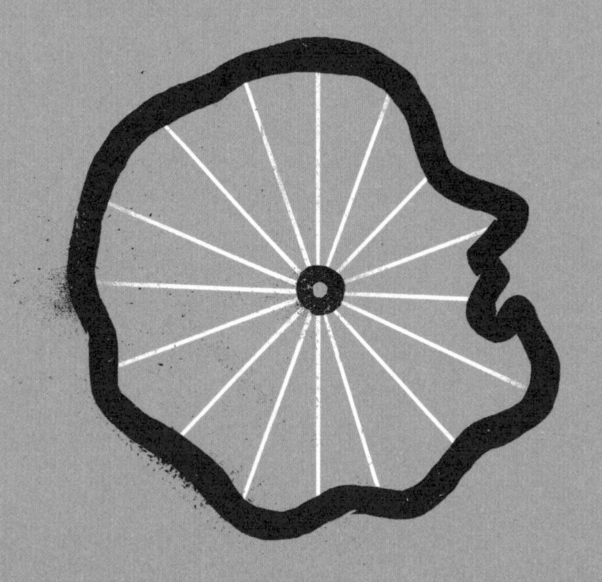

AUJOURD’HUI, J’AI MAL À L’ORGUEIL

Eh oui, une blessure d'amour-propre. Ce sont souvent les plus longues à guérir. La scène : je reviens de ma première sortie à vélo de l'année. Le cœur léger. Je décide d'emprunter l'entrée du voisin ; la mienne est encombrée de feuilles et de branches. Je roule lentement, trop lentement sans doute, ma roue s'enfonce dans le sillon qui délimite le trottoir de la pelouse. Je n'ai pas le temps de déclipper mon pied de la pédale, je suis foutu. Je me vois basculer au ralenti sans pouvoir rien faire. Je tombe sur le côté, du trottoir jusque dans la rue où je m'étale de tout mon long. Je ne suis pas tombé d'un vélo depuis une éternité. Deux jeunes garçons qui jouent au ballon me regardent sans savoir quoi faire. Ils n'ont pas l'habitude de voler au secours d'un adulte. Généralement, c'est l'inverse. Je me relève assez vite. Je regarde les enfants et leur fais signe de la main : ça va. Ils continuent de me regarder. Qu'est-ce que j'ai ? Ils n'ont jamais vu un adulte se faire mal ? Ils sont débiles ? J'ai envie de les engueuler. De les découper en rondelles. De les empaler sur un pieu à l'entrée de la ville. Mais il faut que j'arrête de faire l'enfant. Je relève mon vélo. J'ai mal au bras, à l'épaule, aux côtes. Je les salue en claudiquant vers la maison. Ils me sourient. À moins qu'ils ne rient de moi. C'est ça, ils se moquent de moi. Ils n'ont aucune pitié. Des tueurs en série échappés d'un pénitencier à sécurité maximale. Je n'ai plus seulement la hanche qui m'élance, j'ai aussi l'orgueil qui m'aveugle.

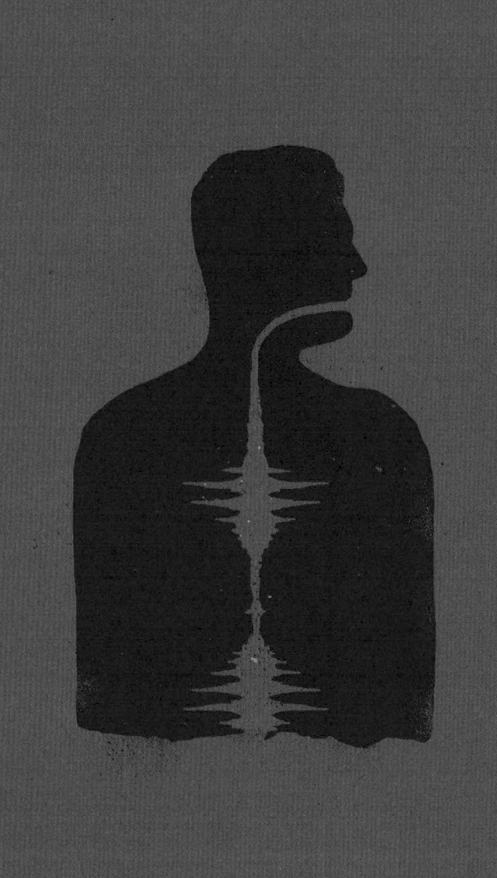

AUJOURD'HUI, J'AI SOUFFERT DU HOQUET

Je sais, je sais, le hoquet n'a jamais fait mourir personne. Il dure l'espace d'un instant. C'est ce que je pensais avant de lire cette histoire. De 1922 à 1990, Charles Osborne, un Américain, a souffert de la plus longue attaque de hoquet du monde : 68 ans ! Le supplice a commencé quand Charles abattait un porc. Vous êtes avertis maintenant. On n'est jamais assez prudent quand on abat un cochon. Il a pourtant mené une existence tout à fait normale, si l'on considère comme normal le fait de hoqueter 420 millions de fois au cours de sa vie. Malgré son cyclique tressautement, l'homme n'a pas boudé son plaisir : il s'est marié deux fois et a laissé une descendance de huit enfants. Je me demande, hic, comment ses épouses, hic, ont réussi, hic, à le supporter, hic. Peut-être étaient-elles pétomanes, et qu'elles couvraient de leurs vents odorants le son de son hoquet. Mais ça, l'histoire ne le dit pas. Elles ont sans doute tout essayé pour freiner le mal, la surprise, le pinçage de nez, d'oreille, l'ingurgitation d'eau, l'inspiration, jusqu'à trouver normal, sinon distrayant, qu'il rythme comme une horloge le passage du temps. Il hoquète, et puis ? Vous respirez bien. L'attaque s'est terminée en février 1990. On ne sait trop pourquoi. Il est mort un an plus tard. Il devait s'ennuyer. Le temps de lire sur le sujet, mon hoquet a disparu. Morale : le plus difficile avec ce type de désagrément, comme avec la petite douleur en général, ce n'est pas la douleur elle-même, c'est de réussir à l'oublier.

AUJOURD'HUI, J'AI MAL
À UN MUSCLE INCONNU

Je suis allé au gym hier, et je ressens une douleur à la jonction du deltoïde et du grand pectoral. J'ai l'air de m'y connaître, mais j'ai copié le dictionnaire médical. Je n'avais jamais éprouvé ce désagrément auparavant. Je ne savais pas que j'avais un muscle, un tendon ou quelque chose de vivant à cet endroit. Mon corps est un grand cachotier. Je vis pourtant avec lui depuis mon premier cri. On se lève ensemble chaque matin, on se lave, on mange, on fait tout ensemble, on passe 24 heures sur 24 main dans la main et, pourtant, on est étrangers l'un à l'autre. Il me cache des choses. Je pourrais lui en vouloir, mais ce serait comme m'en vouloir à moi-même. Plutôt que de m'acharner sur moi, j'ai pris rendez-vous avec ma masseuse, madame Tran. D'origine malgache, elle pratique l'acumassage. Malgré la cohabitation des deux mots dans la même phrase, il n'y a aucun lien à faire entre Madagascar et l'acumassage. Madame Tran est haute comme trois pommes, mais forte comme le tracteur qui les ramasse. Sous la pression de ses mains, je deviens sa chose. Mon corps se transforme en une immense sonnette d'alarme sur laquelle elle appuie. Je suis sûr qu'elle a plus de muscles dans un seul pouce que j'en ai dans mes deux biceps réunis. Mais il y a un hic : elle essaie de me vendre des produits supposément naturels. Des espèces de poudres miraculeuses dont on vante les mérites sur YouTube. C'est bon pour tout, qu'elle dit. J'ai envie de lui répondre : est-ce que ça peut remplacer une masseuse malgache, haute comme trois pommes, mais forte comme le tracteur qui les ramasse ? Mais je ne lui veux aucun mal.

AUJOURD'HUI, J'AI UN TORTICOLIS

Si j'ai un défaut de fabrication, je dis bien si, il se situe entre la tête et les épaules. Quand je suis tendu, le stress se jette à mon cou, comme la misère sur le pauvre monde. Un orang-outan pendu à sa branche. Je suis raide. Je ressemble au robot dans un vieil épisode de *Perdu dans l'espace*, celui qui avait des tuyaux de sécheuse en guise de bras et un aquarium vide à la place de la tête. On a tous un point faible. Pour certains, c'est le jeu, le shopping ou le Cheez Whiz. Moi, mon talon d'Achille, c'est le cou. Les torticolis, je les collectionne. Je pourrais les épingler au mur de ma chambre : tiens, celui-là, c'est le torticolis de l'hiver 2006, moins raide que celui de l'été 2009, mais qui s'est étiré plus longtemps, because le froid. Celui-là, c'est mon meilleur : un 2011, un double :

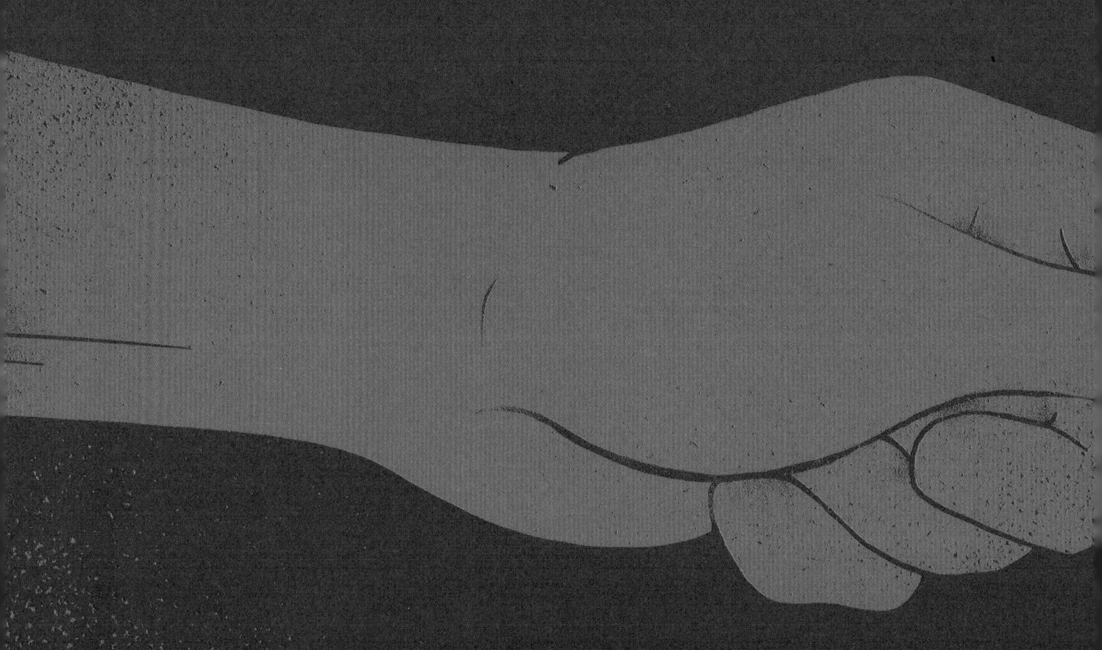

gauche et droite. Il n'y a que le nom de la contracture du muscle sterno-cléido-mastoïdien qui est agréable : torticolis. Inoffensif, sautillant, presque ludique, on nage en pleine comédie italienne. On dirait le nom d'une pâte. Hey baby, on se fait des torticolis ce soir ? Ça fait longtemps. Avec quelle sauce, les torticolis ? Matriciana ? Carbonara ? On rit, mais le torticolis est un mal cruel : il transforme un match Federer-Djokovic en supplice médiéval. Tu deviens un danger public quand tu vérifies ton angle mort. Et le solo d'*air guitar* devant le miroir, tu laisses ça aux autres. En conclusion, que tu le tournes dans un sens ou dans l'autre, le torticolis se (me) donne beaucoup de mal pour se rendre intéressant.

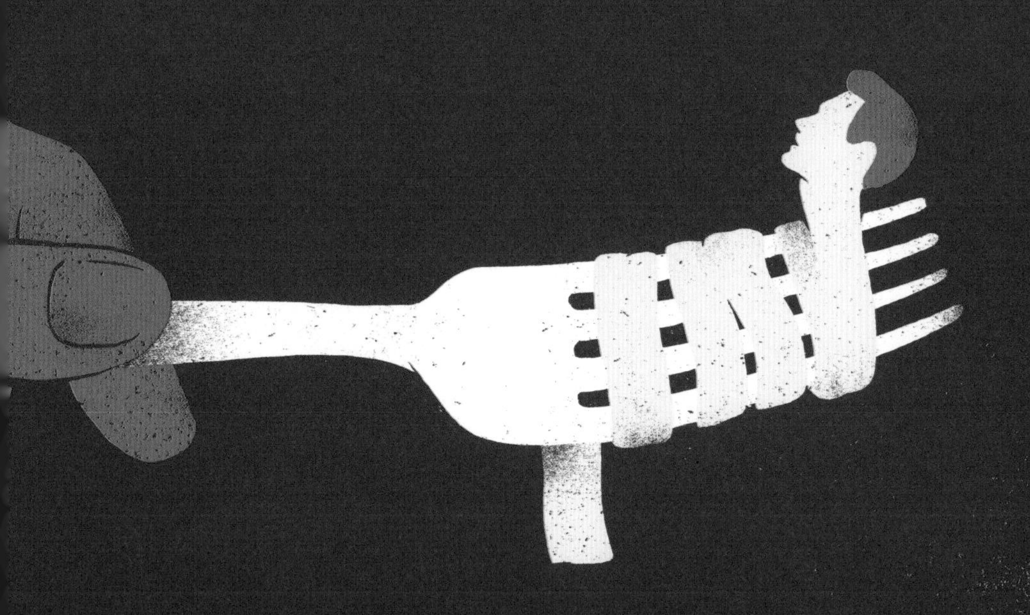

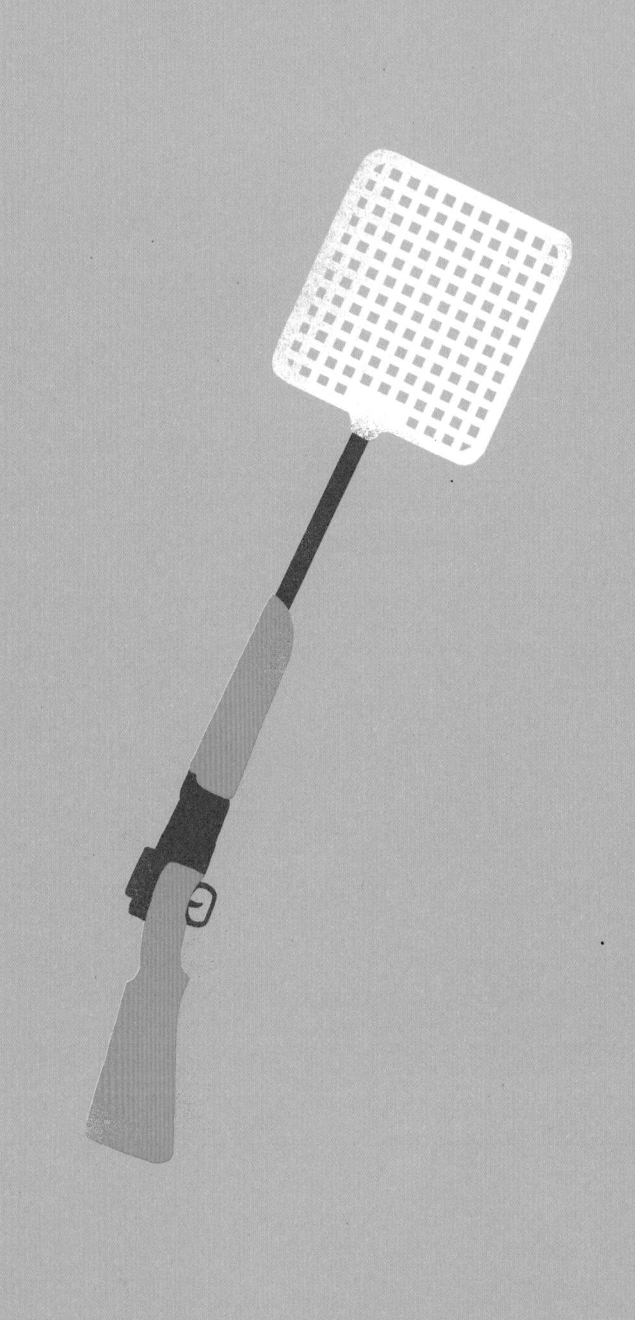

AUJOURD'HUI, JE ME SUIS GRATTÉ AU SANG

Ils se sont mis à plusieurs. Ils se sont jetés sur moi, sans avertir, aussi brutalement que la police de Ferguson sur un jeune Noir innocent. Pourquoi moi ? Parce que j'étais nouveau dans le coin, un gars de la ville, rond et appétissant, qui se promenait, la bonne idée, toi, à moitié nu à l'orée d'un bois. De la provocation pure. C'est comme si j'avais tendu un bœuf tartare à un loup. Il fait quoi, le moustique, en me voyant ? Il fonce, dare-dare. En piqué. Chaque année, le Québec est envahi. La seule guerre de ce pays pacifiste, c'est aux moustiques qu'il la livre. Et, chaque année, la bataille est perdue avant d'être livrée. L'ennemi est partout. Nous sommes cernés. Ils sont peut-être petits, mais nombreux et sanguinaires. Les moustiques veulent

reprendre le territoire qu'on leur a enlevé, réparer une injustice historique : ils étaient là avant l'arrivée des Français au Canada. Avant les Autochtones aussi. Et, si ça se trouve, ils étaient là avant la création du monde. Avant le Big Bang il y a 13 milliards d'années. Ce territoire leur appartient. Pour chaque piqûre, j'ai bien dû en écraser trois. Trois morts pour un moustique vivant qui, lui-même, va mourir au bout de son sang. Du mien, en fait. De six jours à un mois plus tard. Et dire que ce ne sont que les femelles qui piquent. Pour se gaver de protéines et fabriquer leurs œufs. Les mâles, eux, regardent le match à la maison. Et butinent les fleurs. J'aimerais bien pouvoir piquer un moustique pour qu'il sache ce que je ressens en ce moment.

AUJOURD'HUI, J'AI MAL À LA CHEVILLE

Je me suis fracturé la cheville quand j'étais à l'université. Je jouais au volleyball. J'ai mal atterri après une attaque au filet. À 1,70 mètre, je me donnais l'illusion d'être un grand joueur. Mais je n'étais qu'un petit joueur qui, pour seule prouesse, sera tombé de haut. Et, comme il pleut des cordes depuis trois jours et que le taux d'humidité frôle les 76 %, ma cheville a échoué dans la machine à remonter le temps, cycle délicat. L'humidité a le pouvoir de réveiller les vieilles blessures. Comme la naphtaline te rappelle ta grand-mère. La bouillotte, le sein de ta mère, la jupe de cuir de ton ex, ta vieille Volvo. L'humidité, moi, me retourne directo à l'Université de Montréal, pavillon Jean-Brillant, à mes années de socio, le café Campus, les grèves contre tout ce qui ne faisait pas l'affaire, la nôtre en particulier. Je pense aux deux Claude, à Johanne, à Dominique, aux Marcel, Fournier et Rioux, à Alain Touraine, à Durkheim, à Karl Marx. Oui, quand le temps est humide, je pense à Karl Marx. Ma cheville devient ouvrière. J'ai hâte que le soleil me ramène à aujourd'hui. Je consulte MétéoMédia, ce n'est pas avant vendredi. Je vais donc passer la semaine à l'université, et je n'ai pas ouvert un livre depuis des siècles. Je me prépare un bon Kraft Dinner, ça devrait me remettre dans l'ambiance.

50
40
30
20
10
0
10
20
30
120
100
80
60
40
20
0
20

AUJOURD'HUI, J'AI MAL AU CŒUR

Si je prends l'expression au pied de la lettre, je devrais avoir mal au cœur, l'organe creux et musculaire qui me rend la vie possible, et souvent impossible. Je devrais avoir un point, une défaillance, une palpitation suspecte, une arythmie de première catégorie, subir cinq pontages, et même une greffe, dans le meilleur des cas. Si j'affirme que j'ai mal au cœur, je devrais avoir mal à cet endroit précis, pas envie de vomir. C'est comme dire j'ai mal à la tête, et avoir des flatulences. J'ai l'impression d'être une femme enceinte dont le cornichon et la crème glacée n'ont pas passé. À ce sujet, je n'ai jamais vu une future maman tremper son cornichon dans de la Häagen-Dazs. Légende. Comme la pelure de banane sur laquelle personne n'a jamais glissé. Fin de la parenthèse. Mais je ne sais pas si c'est la même nausée que celle d'une femme enceinte, et je n'ai pas l'intention de changer de sexe pour le savoir. En réfléchissant deux secondes, pour trouver la cause de mon malheur, je n'ai pas à chercher bien loin : à 149 600 000 kilomètres de la terre. J'ai pris trop de soleil aujourd'hui. J'ai sans doute une insolation. J'ai cuit de l'intérieur. Je suis rouge comme un homard. La vapeur me sort par les oreilles. Je n'ai pas fait attention. Quand j'arrive à la mer, ce n'est pas seulement la mer que j'ai l'impression de ne pas avoir vue depuis longtemps, mais le soleil. Erreur. Je me jette devant. Prends-moi. Réchauffe-moi. Immole-moi. Fais de moi ton barbecue sur terre. Quelle bêtise ! Je suis juste bon à sacrifier. Résultat : un deux pour un, coup de soleil et envie de vomir. Et je n'ai aucune préférence. Je les déteste également.

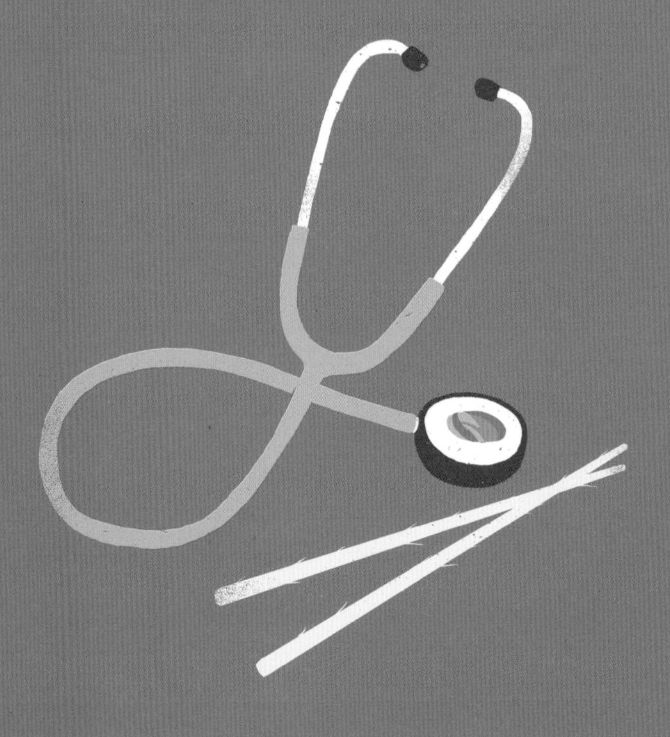

AUJOURD'HUI, J'AI UNE ÉCHARDE

La scène est bouleversante de banalité. J'ai faim. Très. Et quand j'ai faim, je deviens fou. Très. C'est ce que soutenait mon ex-femme, morte étranglée. Je m'achète donc des sushis. En voulant retirer rapidement le papier d'emballage de mes baguettes, je me rentre une écharde dans le doigt. J'ai l'impression d'avoir un rondin dans l'index tellement la douleur est intense. Bon, OK, ça fait pas si mal que ça. J'exagère. Mais je déteste avoir un corps étranger dans le mien (mauvaises pensées s'abstenir). Je ne suis pas fait en bois, mais l'écharde, elle, oui. À qui dois-je m'en prendre ? À moi-même pour mon empressement ? Au fabricant qui a laissé des éclisses sur sa baguette ? Je pourrais le poursuivre en justice, pour perte de jouissance de la vie. Réclamer quelques millions. Mais bon, j'ai peur d'y perdre ma chemise. Je décide plutôt de me déguiser en chirurgien réputé. C'est moi, le Dr Barnard de l'écharde. Je prépare tous mes instruments au nombre de deux, une aiguille et une pince à épiler. Je passe mon doigt sous l'eau chaude. Longuement, pour ramollir la chair. Je suis prêt à intervenir. Je suis à la fois le médecin et le patient, situation schizophrénique s'il en est une. Je ne peux pas être en même temps calme et terrorisé. En parfait contrôle de mes émotions et affolé à la vue d'une aiguille. Précis dans mon intervention et les yeux fermés. J'appelle mon ex-femme qui n'est pas vraiment morte étranglée. Doudou !

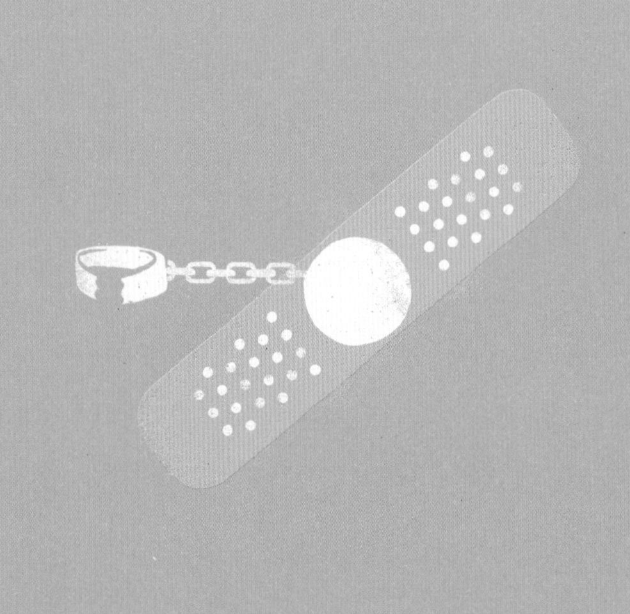

AUJOURD'HUI,
J'AI RIEN

C'est dommage. J'essaie de me souvenir si, hier, j'avais quelque chose. Eh bien non, je n'avais rien. Pas même une poussière dans l'œil. Je dois me rendre à l'évidence: je n'ai mal à aucun endroit. Je me sens en pleine forme depuis 24 heures. Va falloir que je me résigne à être bien. Comment on fait déjà ? Je sens comme un vide. Je n'ai plus rien à dire. De quoi vais-je me plaindre auprès de la famille, des amis, des collègues ? Je suis totalement inintéressant. Quand on va me demander : ça va bien ? Je n'aurai d'autre choix que de répondre : pas mal. Pas mal, sous-entendu pas mal nulle part. Si l'on ne peut plus parler de ses petits bobos, on parle de quoi ? De la pluie et du beau temps ? Heureusement, il y a les maux des autres qui ont le don de réveiller les nôtres. À la question fondatrice, je vais espérer que mon interlocuteur réponde : non, ça va pas fort. Je sens comme des aiguilles sous la plante de mes pieds. Oh oui ! Si l'on en parlait, ça me ferait du bien. Moi aussi, j'ai traversé cet épisode. Stop ! Je me désespère moi-même. Je commence à souhaiter le malheur des autres. Je ne peux pas, la misanthropie, non merci. Que me reste-t-il comme solution ? M'inventer des maladies, des petits maux aussi bénins que les mensonges dont ils tirent leur origine. Mais je n'ai aucun talent pour l'hypocondrie. Non vraiment, arrêtons de nous mentir: les gens en santé n'ont pas d'histoire. Je vais devoir me contenter d'être heureux.

Achevé d'imprimer en mai 2016
sur les presses de l'imprimerie Marquis.

Cet ouvrage est entièrement produit au Québec.